한 사람은 모두를
모두는 한 사람을

법정 스님 법문집 · 2

한 사람은 모두를
모두는 한 사람을

문학의숲

일러두기

1. 이 책은 〈일기일회―期―會〉에 이어 법정 스님이 대중과 학인을 상대로 법문한 내용을 글로 옮긴 것이다. 법문집 1권과 마찬가지로 서울 성북동 길상사에서 행한 정기법회 법문, 여름안거와 겨울안거 결제 및 해제 법문, 부처님오신날 법문과 창건법회 법문 등이 근간을 이루고 있으며, 원불교 서울 청운회와 뉴욕 불광사 초청법회, 교보문고 초청 특별강연 및 약수암, 길상회, 불교방송 초청법회 법문 등이 포함되었다.

2. 법문은 모두 시간 순으로 싣되 가장 최근의 것이 앞쪽에 오도록 하였다. 1권에 싣지 못한 2009년 5월 2일 부처님오신날 법문부터 2007년 8월 27일 여름안거 해제, 2006년 12월 5일 겨울안거 결제, 2006년 8월 8일 여름안거 해제, 2006년 4월 10일 봄 정기법회 법문이 여기에 실렸으며, 2003년 10월 5일 불교문화강좌 법문부터 그 뒤에 수록하였다.

3. 각 법문의 제목은 스님의 의견과 법문의 내용을 토대로 편집부에서 새로 달았으며, 제목 아래에 법문이 이루어진 날짜와 법회명을 달았다. 받아 적은 법문들은 법정 스님이 직접 내용 보완과 첨삭을 했으며, 스님의 뜻에 따라 중복된 내용은 덜어 내었다.

4. 1권과 마찬가지로 본문에 쓰인 용어 가운데 정확한 이해를 위해 간략한 설명이 필요한 경우에는 그 옆에 풀이를 달아 두었다. 또한 보다 깊이 있는 해설이 필요한 경전, 인물, 용어, 개념 등은 책의 맨 뒤에 따로 모아 가나다순으로 수록하였다.

법정 스님 법문집 두 번째 권을 펴내며

여름은 덥고 겨울은 춥다. 구름은 하늘에 있고 물은 병 속에 있다. 이 것이 있으므로 저것이 있고, 이것이 없으면 저것도 없다. 일즉일체다즉 일—即—切多即—, 하나가 곧 모두이고 모두가 곧 하나이다……. 첫 번째 법 문집 〈일기일회—期—會〉에 이어 법정 스님의 두 번째 법문집을 펴낸다. 시공간의 제약으로 직접 법회에 참석해 들을 수 없었던 이들을 위해 여 기에 스님의 법문을 받아 적었다. 첫 권과 마찬가지로 일 년 사계절 서울 성북동 길상사와 뉴욕 불광사 등 각처에서 운수납자, 학인, 재가불자, 일 반인들을 대상으로 행한 36편의 법문을 실었다. 법문은 2009년 부처님 오신날 법문을 끝으로 잠시 중단되었다. 한동안 세상에 내려오지 않고 강원도 오두막에서 침묵하기로 하셨기 때문이다. 하지만 겨울이 지나고 새봄이 오면 그 사자후를 다시 들을 수 있을 것이다. 귀 기울여 들으면 이 우주 만물 중에 법문을 설하지 않는 것은 없다. 꽃과 나무가, 바람과 풀벌레가, 무상 속에서 일어났다 사라지는 수많은 생명과 현상들이 매 순간 우리에게 진리를 설하고 있다. 귓속의 귀로 들으면 들린다.

2009년 가을

덕인, 덕현, 덕진, 류시화

차 례

많은 사람들이 삶에서 고통과 불만족을 느낀다.

그 원인은 무엇인가. 그들은 원인이 상대방에게 있고

세상에 있다고 하지만, 실상은 모든 것은 변화하며 어떤 것도

고정되어 있지 않다는 사실을 마음 깊이 받아들이고

있지 않기 때문이다. 무상함의 진리에 대한 자각은

자유를 가져다준다. 이제 어떤 짐도 지고 있을 이유가 없다.

어떤 것도 영원하지 않음을 알기 때문이다.

부처님 옷자락을 붙잡아도

2009년 5월 2일 부처님오신날

비가 내려서 밖에 계시는 분들은 불편하겠지만, 이맘때면 산불이 많이 나기 때문에 한편으론 비 오는 것이 다행스럽게 여겨집니다. 수십 년 된 나무들이 한순간에 잿더미로 변화하는 모습을 너무 많이 봐 온 터라, 이 비가 우리의 법회에는 방해가 될지 모르지만 자연의 조화를 위해서는 다행이라는 생각이 듭니다.

부처님오신날이 좋은 날이어서 우리들이 이렇게 한자리에 모였습니다. 저마다 세상을 살아오면서 그분의 가르침을 통해 많은 깨침과 은혜를 입고 계실 줄 믿습니다. 여러분이나 저나 이 생에서 부처님의 가르침을 만날 수 있게 된 것에 거듭거듭 고마움과 다행함을 느끼지 않을 수 없습니다. 오늘 이 자리에서 우리는 어떤 것이 진정한 불법佛法인지 한번 돌이켜 보아야 할 듯싶습니다.

머리 깎고 먹물옷을 입었다고 해서 출가 수행자라 할 수 있는가? 또 절에 행사가 있을 때마다 동참한다고 해서 재가신도라고 할 수 있는가? 어떤 것이 진정한 불자이고 부처님 가르침인지 오늘 같은 날 한번 돌이켜 보아야 합니다.

초기 경전에는 후기에 결집된 대승경전(불타 석가모니 사후 대승운동이 일어나면서 편찬된 경전들)과 달리 불타 석가모니의 인간적인 면모들이 자세히 기록되어 있습니다. 그 가운데 하나인 〈여시어경如是語經〉, '이와 같이 말씀하셨다.'는 뜻인 〈여시어경〉에 다음과 같은 법문이 실려 있습니다. 원문에는 '어떤 비구'라고 되어 있지만, 여기서는 이해하기 쉽게 '어떤 사람'으로 바꿨습니다.

"어떤 사람이 내 가사 자락을 붙들고 내 발자취를 그림자처럼 따른다 할지라도, 만약 그가 욕망을 품고 조그마한 일에 화를 내며 그릇된 소견에 빠져 있다면, 그는 내게서 멀리 떨어져 있는 것이고 나 또한 그에게서 멀리 떨어져 있는 것이나 다름없다. 왜냐하면 그는 법을 보지 못하고, 법을 보지 못하는 이는 나를 보지 못하기 때문이다."

여기서 말하는 법이란 추상적인 용어이지만, 검찰이나 판사들이 쓰는 법과는 달리 부처님이 평소에 가르쳐 주신 교훈, 즉 교법을 이야기합니다.

절에 다닌다고 해서 불교도일 수 있는가? 겉만 보아서는 그 실체를 알 수 없습니다. 우리가 일 년에 한 차례씩 부처님오신날을 기리기 위해 이렇게 한자리에 모이는 것도 중요한 일이지만, 과연 이것이 진정한 종교 생활을 위해서 어떤 의미가 있는지, 이런 기회에 곰곰이 되새겨 보아야 합니다.

부처님의 가르침을 순간순간 그대로 실천하고 있는가, 그렇지 않은가에 따라서 진정한 불자일 수도 있고 사이비 불자일 수도 있습니다. 이것은 부처님의 준엄한 가르침입니다. "설령 내 가사 자락을 붙들고 내 그림자처럼 나를 따른다 하더라도, 생각이 다르고 뜻이 다르면 나와는 아무 상관없는 그런 존재"란 소리입니다.

우리가 일상적으로 경험하는 일입니다. 집안 살림도 제쳐 놓은 채 절이나 교회에 자주 다니는 신도들이 있습니다. 그런데 그 가운데는 절이나 교회에 전혀 다니지 않는 사람보다도 마음 씀이 훨씬 못한 경우가 많습니다. 절에 와서 부처님 법문을 듣고 가르침을 이해했다면 그대로 일상의 삶에서 실천해야 하는데, 불필요한 말들을 이리저리 옮기는 사람들이 절이든 교회든 무수히 많이 있습니다. 신도뿐 아니라 수행하는 스님들도 마찬가지입니다.

어떤 것이 진정한 불자의 모습인지, 어떤 것이 올바른 신앙생활인지 되돌아보아야 합니다. 그러지 않고 연등 밝히고 불공 올리고 기도만 하고 헤어진다면 부처님오신날이 전혀 의미가 없습니다.

부처님의 가르침을 순간순간 그대로 실천하고 있는가 아닌가에 따라서 진정한 불자인지 가짜 불자인지가 판명됩니다.

경전은 계속해서 말하고 있습니다.

"또 어떤 사람이 내게서 천 리 밖에 떨어져 있을지라도, 만약 그가 욕망 때문에 격정을 품지 않고 화를 내는 일도 없으며 그릇된 소견에 빠져 있지 않고 도심道心이 견고해서 부지런히 정진하고 있다면, 그는 바로 내 곁에 있는 것이나 다름이 없고, 나 또한 그의 곁에 있는 것이나 다름이 없다. 왜냐하면 그 사람은 법을 보는 자이고, 법을 보는 자는 곧 나를 보는 자이기 때문이다."

아까와는 다른 측면에서 이야기합니다.

한마디로 말해, 나는 뜻을 같이하는 사람들과 시간과 공간을 넘어서 늘 함께 있다는 가르침입니다. 스승 제자 간이든 연인 간이든 혹은 부부간이든, 한집 한 도량에 산다 할지라도 뜻이 같지 않으면 그 거리는 십만 팔천 리입니다. 뜻이 같아야 한 가정을 이루고, 한 공동체를 이루고, 한 도량을 이룹니다.

불타 석가모니와 우리 사이에는 시간적으로 2,500년이라는 긴 세월이 가로놓여 있습니다. 또한 인도와 우리나라는 그 거리가 수만 리 떨어져 있습니다. 그러나 부처님의 가르침을 듣고 일상생활에 그대로 실천할 수 있다면 그러한 시간과 공간을 뛰어넘어 지금 이 자리에서 함께할 수 있다는 가르침입니다.

살아 있는 가르침은 늘 현재 진행형입니다. 2,500년 전 어떤 특정한 사회에서 어떤 특정한 대중을 상대로 한 설법이라 할지라도 그 가르침이 살아 있다면 지금 바로 이 현장에서, 오늘 이 자리에서 우리가 귀 기울여 들을 수 있어야 합니다.

죽은 가르침은 과거 완료형입니다. 이미 과거로 끝난 것입니다. 그러나 살아 있는 가르침은 늘 지금 여기에서 현재 진행 하고 있습니다.

"법을 보는 이는 나를 보고, 나를 보는 이는 곧 법을 본다."

이 가르침을 마음 깊이 새겨 두시기 바랍니다.

"뜻을 같이하는 사람과 나는 늘 함께한다."

우리가 깨어 있다면, 나날의 삶 속에서 진리의 가르침을 그대로 수지독송(늘 손바닥 위에 올려놓고 읽고 외움) 하고 있다면, 그 가르침이 몸과 마음에 배어 있다면, 부처님과 우리 자신은 시공간을 뛰어넘어 늘 함께하고 있습니다.

〈아함경〉에 보면 한번은 부처님이 안 계실 때 제자들이 자기들끼리 모여 앉아서 대화를 나눕니다. 부처님은 일단 제자들의 대화가 끝날 때까지 문밖에서 기다렸다가 노크를 하고 안으로 들어갑니다. 그러고는 제자들에게 묻습니다. 모여서 무슨 이야기를 그렇게 나누었느냐고. 그러자 제자 중 하나가 대답합니다.

"저희들이 모여서 부처님이 말씀하신 진리에 대해 얘기를 나누는 중이었습니다."

그러자 부처님이 착하다고 하면서 칭찬을 합니다. 그러고는 수행자들에게 당부를 합니다.

"수행자들이여, 그대들이 모여 앉으면 마땅히 두 가지 일을 해야 한다. 하나는 진리에 대한 이야기이고, 또 하나는 침묵을 지키는 일이다."

이것은 수행자들만이 아니라, 신앙생활을 하는 사람 누구에게나 해당되는 가르침입니다. 인사는 간단히 나눌수록 좋고, 진짜 해야 할 대화는 진리와 법에 대한 이야기입니다. 그렇지 않으면 침묵하라는 것입니다.

또한 부처님은 묵빈대처默賓對處 하라고 가르칩니다. 침묵으로써 물리쳐 대처하라는 것입니다. 그럼 스스로 사라질 때가 온다는 것입니다. 인간관계에서도 그렇습니다. 어떤 갈등이 있을 때 굳이 대응할 필요가 없습니다. 세월이 가면 다 풀립니다. 무슨 말을 들었다고 해서 즉각 대응할 것이 아니라, 내가 남의 얘기를 많이 했기 때문에 그 과보로 남한테 또 이렇게 궂은 소리를 듣는 모양이

구나 하고 스스로 한 생각 돌이키면 시간이 다 해결해 줍니다. 사실이 아니라면 굳이 변명할 필요가 없습니다.

이 우주 질서 앞에 내가 떳떳하면 됩니다. 그러면 내가 사는 이 세싱이 훨씬 조용해집니다. 특히 신앙생활 하는 사람이 일반인과 다른 점이 바로 그것입니다. 마음을 거듭 안으로 돌이키는 것, 늘 평정을 유지하는 것, 그런 과정을 통해서 본래 마음을 유지하는 것이 신앙생활이고 종교 생활입니다.

소욕지족 소병소뇌 少欲知足 少病少惱

2007년 8월 27일 여름안거 해제

산중에 사는 사람들은 바람 소리에 민감합니다. 계절의 변화는 바람 소리에, 바람결 속에 스며 있습니다. 처섯날(입추와 백로 사이로, 더위가 한풀 꺾이고 아침저녁 선선한 가을바람이 불기 시작한다. 음력 8월 23일경) 오전 바람결과 오후 바람결이 그토록 다릅니다. 한두 해가 아니고 늘 한결같이 그래 왔습니다. 처섯날 오전 바람결에는 약간 끈끈한 습기가 묻어 있습니다. 그러나 오후 바람은 약간 마른바람입니다. 마른바람 소리를 듣고 있으면 길 떠나고 싶은 충동이 일어납니다. 또 처서가 지나면 삼베옷은 벗어야 합니다.

그런데 요즘은 그런 절기가 사라졌습니다. 날로 심각해져 가는 온난화 현상 때문에 우리나라의 기후도 온대에서 아열대로 변하고 있다고 합니다. 전 같으면 장마가 끝난 뒤에는 비가 오지 않아야 하는데, 오히려 장마 기간보다도 장마가 끝난 후에 예측할 수 없이 더 많은 비가 내리고 있습니다. 또 여름 날씨는 8월 초순이면 기온이 절정에 이르렀었는데, 오히려 8월 말 기온이 초순 기온

보다 훨씬 더 높습니다.

이 무더운 여름날, 90일 동안 제대로 수행한다는 것은 쉬운 일이 아닙니다. 오늘 이 해제일은 맺었던 것을 푸는 날입니다. 정진하는 모든 수행자들은, 이날 법의 나이 법랍法臘(출가해 승려가 된 해부터 세는 나이. 한여름 동안의 수행을 마치면 한 살로 친다)을 한 살씩 보탭니다. 과연 자기 자신이 법랍을 한 살 더 보태도 될 만큼 온전히 수행을 했는지 안 했는지 스스로가 가장 잘 알 것입니다.

옛날 절에서는 해제일에 정식 스님이 되는 계를 받곤 했습니다. 저 역시 해제일에 조그마한 절에서 계를 받고 부처님의 출가제자가 되었습니다. 그래서 이날이 되면 그동안 중노릇을 제대로 했는지 안 했는지 저 스스로에게 묻곤 합니다. 겉만 번지르르한 것이 아니라 과연 안팎으로 중노릇을 제대로 했는가, 출가 수행자로서 제구실을 제대로 했는가 돌아보게 됩니다.

저도 늙어 가고 있습니다. 그런 탓인지 요즘에는 지나온 세월, 지나온 자취를 되돌아볼 때가 많습니다. 절에 들어와 살면서 만난 좋은 스승들의 은혜에 새삼 고마움을 느낍니다. 그때그때 스승들의 가르침이 없었다면 수행자의 설 자리를 제대로 찾았을까 싶을 정도로 옛 스승들의 가르침이 그렇게 고마울 수가 없습니다.

그중 한 분이 해인사에 계시던 자운慈雲 스님입니다. 스님은 율사(계율에 정통한 승려)이기 때문에 제 비구계의 계사(계를 주는 스승)이시기도 합니다. 언젠가 한번은 제가 드린 문안 편지에 자운 스님께서 여덟 글자의 한자로 된 짧막한 답장을 보내 주셨습니다.

"소욕지족 소병소뇌少欲知足 少病少惱."

'적은 것으로써 넉넉할 줄 알며, 적게 앓고 적게 걱정하라.'

적은 것으로써 만족할 줄 알면 늘 건강하다는 뜻입니다. 이 여덟 글자 짤막한 편지글이 지금도 생생하게 떠오릅니다. 촉이 두꺼운 만년필로 또박또박 박아 써서 보내 주신 편지의 사연입니다. 진정한 가르침에는 많은 말이 필요치 않습니다. 이 짧은 편지가 수시로 저 자신을 깨우쳐 줍니다.

미래는 현재의 연속입니다. 내일은 오늘의 연장입니다. 오늘 우리가 어떤 식으로 사는가에 따라 우리의 미래가 결정됩니다. 우리들 삶의 태도에 의해 미래는 지금보다 나빠질 수도 있고 좋아질 수도 있습니다. 이런 때일수록 생태윤리가 절실히 요구됩니다. 우리 한 사람 한 사람이 어머니인 이 지구의 건강을 위해 자식 된 도리를 깨닫고 실천할 때입니다. 윤리는 말보다 실천에 그 의미가 있습니다. 모든 것은 순간순간의 사소한 결정에 달려 있습니다.

저는 올여름 물보살과 많은 시간을 함께 지냈습니다. 저는 잠잘 때뿐 아니라 낮에도 조금만 움직이면 등에서 땀이 많이 나는 편입니다. 그럴 때마다 물을 끼얹기도 하고 때로는 수건을 물에 적셔 땀을 닦아 내기도 하면서 이 여름을 보냈습니다. 물이 아니면, 지천으로 흐르는 개울물이 아니면 어떻게 몸을 씻겠습니까? 그럴 때마다 물의 은혜를 많이 입습니다. 그래서 저는 늘 "물보살님! 감사합니다." 하고 합장기도를 올립니다.

어디 고마운 존재가 물뿐이겠습니까? 우리가 무심코 지나치는 흙과 공기와 바람과 햇빛 모두 고마운 존재입니다. 이런 자연현상들이 하나라도 없으면 우리는 제대로 살 수가 없습니다.

이 시점에서 우리는 가난의 의미를, 맑은 가난인 청빈의 의미를 되새길 필요가 있습니다. 맑은 가난이란 많이 갖고자 하는 욕망을 스스로, 자주적으로 억제하는 일입니다. 지금 가지고 있는 것만으로도 만족할 수 있어야 합니다. 더 바라는 것이 없어야 합니다.

맑은 가난은 남이 가진 것을 부러워하지 않고 자신에게 주어진 현실에 만족할 줄 아는 것입니다. 맑은 가난은 불필요한 것을 갖지 않고, 불필요한 것으로부터 자유로워지는 것입니다. 다시 말해 갖고자 하는 욕망을 스스로 억제하기 때문에 더 필요한 것이 없습니다. 또 무엇을 갖고자 할 때, 갖지 못한 사람들의 처지를 먼저 생각할 수 있어야 합니다. 나만 다 차지하고 살 수 있는 세상이 아닙니다. 서로 얽혀 있고 서로 의지해 있습니다. 내 이웃이 갖지 못하고 있는데 나만 많이 갖는다는 것은 인간의 도리가 아닙니다. 아무리 자기 것이라 하더라도 그 근원을 추적해 보면 다른 누군가가 가져야 할 것을 도중에 가로챈 것이나 다름없습니다.

날마다 지구촌에서 하루에 3만 5천 명의 어린이들이 굶어 죽어가고 있습니다. 이것은 유엔식량기구의 통계 수치입니다. 5, 6년 전 통계이기 때문에 요즘은 더 늘어났을 것입니다. 우리가 사는 이 세상에서 날마다 3만 5천 명의 어린이들이 먹지 못해 죽고 있는 현실입니다.

한국 사람들은 앞으로 물질적으로 가난하게 살 것입니다. 이 점은 제가 확신합니다. 왜냐하면 음식을 너무 많이 버리기 때문입니다. 제가 일본에 가서 느낀 것인데, 일본이 잘사는 데는 여러 가지 요인이 있겠지만 그들은 음식을 전혀 버리지 않습니다. 음식에 대한 고마움을 절실히 느끼고 있습니다. 음식뿐 아니라 자원을 아끼는 것이 생활화되어 있습니다. 불교의 영향일 것입니다. 똑같은 불교를 믿으면서도 한국의 불교도들은 절과 가정집 할 것 없이 너무 많이 버립니다.

날마다 4만 명에 가까운 어린이들이 먹지 못해서 죽어 가고 있습니다. 또 세계 전역에서 10억 명의 사람들이 하루 1달러, 우리 돈 천 원으로 하루를 살아갑니다. 이것이 이 지구별의 현실입니다. 그렇기에 우리가 무엇을 갖고자 할 때 갖지 못한 사람들의 처지를 배려해야 합니다.

사람은 누구나 부자가 되고 싶습니다. 개인만이 아니고 사회나 국가도 마찬가지입니다. 더 크고 더 높고 더 좋고 더 많은 것을 가지고 싶어 합니다. 그렇다면 더 크고 더 많은 것을 가질수록 우리는 행복한가를 스스로에게 물어봐야 합니다. 가치의 척도는 행복한가, 행복하지 않은가에 달려 있습니다. 조금 모자란 것에 만족하는 삶은 어리석음이 아니라 지혜입니다. 이런 생활 태도를 갖지 않는 한, 이런 생태윤리를 지니지 않는 한, 세상은 더욱 나빠지고 삶은 더욱 힘들어집니다. 아쉬움과 궁핍을 모르면 고마움을 모르기 때문에 불행해집니다. 돈이나 재물이 인간의 할 일을 대신하게 되면 그곳에는 인간이 존재할 필요가 없어집니다.

기상학자들의 말에 의하면 금세기 안에 지구 기온이 지금보다 섭씨 5도에서 8도까지 올라갈 것이라고 합니다. 지금 우리가 이런 상태로 산다면, 히말라야를 비롯한 빙하들이 앞으로 40년 안에 모두 사라진다고 합니다. 그렇게 되면 사람이 살기가 아주 고통스러워집니다. 빙하가 녹으면 녹은 물이 어디로 갑니까? 해수면이 높아집니다. 해수면이 높아지면 태풍이나 홍수 등으로 인해 낮은 곳에 사는 사람들은 다 매몰됩니다.

히말라야 빙하가 사라지면 인도의 갠지스 강이나 메콩 강, 양자 강 등 큰 강에 물이 부족하게 되고 농사를 지을 수가 없습니다. 식량 위기를 초래합니다. 모든 것은 이같이 한 치의 오차도 없이 서로 상관관계로 이어져 있습니다. 어떤 현상도 그 자체로 끝나지 않습니다. 늘 얽혀 있습니다.

이 지구상에서 우리가 살아남으려면, 우리 후손들까지도 살아 있으려면, 현재의 생활 방식을 바꿔야 합니다. 보다 겸손한 태도로 지구환경을 생각하면서 적은 것으로 만족할 줄 아는 맑은 가난의 미덕을 하루하루 실천해야 합니다. 덜 쓰고 덜 버려야 합니다. 지금 가지고 있는 것만으로도 넘치고 있습니다.

삶의 질은 결코 물질적인 풍요에 달려 있지 않습니다. 어떤 여건 아래서도 우리가 잠들지 않고 깨어 있다면 삶의 질은 얼마든지 향상될 수 있습니다. 무엇 때문에 우리가 살고 있는가, 또 우리만 살고 말 것이 아니라 우리 후손들까지도 어떻게 하면 잘 살게 할 수 있을 것인가가 우리에게 주어진 과제입니다. 왜냐하면 지금 우리가 받아 쓰고 있는 것은 우리 조상대에 허물지 않고 가꾸어 온 은혜이기 때문입니다.

남은 더위에 다들 건강하셔서 맑은 가을날 맞이하십시오.

마음속 금강보좌에 앉으라

2006년 12월 5일 겨울안거 결제

어느덧 12월입니다. 올해도 달력이 한 장밖에 남지 않았습니다. 부질없는 일에 시간을 허비하기에는 생이 너무 짧습니다. 무익하고 득 되지 않는 시시한 일에 시간을 낭비하면 모처럼 자신에게 주어진 소중한 삶을 흘려보내게 됩니다. 12월이 되면 지나온 한 해를 되돌아보게 되는데, 저도 며칠 전 달력을 12월로 바꾸면서 "올 한 해를 어떻게 지냈지?" 하고 스스로에게 물었습니다.

요즘 저는 저의 몸을 통해 새삼스럽게 많이 배웁니다. 전에는 몸을 의식하지 않고 한꺼번에 일을 해치우는 습관이 있었는데, 이제는 그렇게 하면 몸이 말을 듣지 않습니다. 젊었을 때는 하루 이틀 밤을 새워도 별 지장이 없었는데, 세월이 축적되니 생각대로 되지 않습니다. 나이 들면 나서지 말고 조용히 있으라는 가르침입니다. 여기저기 나다니지 말고 다음 생을 명상하라는 것입니다.

몸에 병이 있거나 집안에 걱정 근심이 있을 때 그것을 부정적으로 생각하지 마십시오. 그것을 통해서 삶의 긍정적인 전환점을 만들 수 있어야 합니다. 몸에 병 없는 사람이 어디 있습니까? 살아 있는 사람이라면 누구나 육체적인 괴로움과 취약점을 가지고 있습니다. 그러나 그것 때문에 기죽어서는 안 됩니다. 그것을 통해 질병이 나한테 오게 된 까닭을 생각해 보고, 자기 삶을 어떻게 펼쳐 나갈 것인가를 명상할 수 있어야 합니다. 물론 그런 사람은 없겠지만, 만일 사람이 전혀 앓지 않고 언제까지나 건강하고 365일 아무 이상 없다고 생각해 보십시오. 그는 삶의 무게와 인생의 뒤뜰 같은 것, 생의 그늘 같은 것을 전혀 모를 것입니다. 그에게는 혼의 깊이가 없습니다. 그리고 앓을 때는 적당히 앓아야 합니다. 죽을병이 아닌 한 앓을 만큼 앓고 나면 털고 일어나십시오. 죽게 되면 그것으로 끝나는 것이니 할 수 없는 일입니다.

죽음을 두려워하지 마십시오. 죽어 본 사람 말을 들어보면 그다지 괴롭지 않답니다. 죽음이 아니라 죽음에 대한 생각 자체가 괴로운 것입니다. 실제로 죽었다 깨어난 사람들 이야기를 들어보면 전혀 두렵지 않다고 합니다. 우리가 이 몸을 버리고 가는 것만이 죽는 것은 아닙니다. 한 생각이 일어나면 살았다가 그 생각의 사라짐과 함께 죽고, 다음 생각으로 다시 살아납니다. 따라서 순간순간 깨어 있어서, 다른 망상을 하지 말라는 것입니다. 그리고 자유로워지려면 먼저 죽어야 합니다. 과거로부터, '나'의 모든 생각으로부터 기꺼이 죽을 수 있어야 자유를 경험할 수 있습니다.

세상은 그렇습니다. 모든 것은 무상하며, 변화가 우리를 지배하고 있다는 사실만이 불변의 진리입니다. 현상들은 일어났다가 사라지고, 다시 일어났다가 사라집니다. 불교에서는 이것을 '무상無

常'이라 부릅니다. 항상하지 않다는 뜻입니다. 일어나고 사라지는 것이 존재의 본성입니다.

지혜를 얻는 것은 어려운 일이 아닙니다. 불행한 일이 일어났을 때 '이것은 고정된 것이 아니다. 이것은 변화한다. 이것도 곧 사라질 것이다.'라고 자각한다면 이미 큰 지혜에 이른 것입니다. 아름다운 여자를 보았을 때 '이것은 고정된 것이 아니다. 이것은 변화한다. 이것도 곧 사라질 것이다.'라고 자각한다면 쉽게 청혼하지 않을 것입니다. 매우 기쁜 일이 일어났을 때도 '이것은 고정된 것이 아니다. 이것은 변화한다. 이것 역시 곧 사라질 것이다.'라고 자각한다면 요동치는 마음의 노예가 되지 않을 것입니다. 어떤 사람이 만일 "나는 지금 매우 평화롭다."라고 말한다면 그것은 "나는 아직 이것이 고정된 것이 아님을 모르고 있다. 이 또한 영원하지 않다는 것을 모르고 있다."라고 고백하는 것과 같습니다.

물리적인 몸을 구성하고 있는 모든 요소들은 쇠퇴하고 언젠가는 소멸될 수밖에 없습니다. 오늘 문을 연 가게는 다음 달에는 다른 가게로 바뀔 수 있고, 올해에 준공식을 한 건물은 몇십 년 뒤에는 흔적조차 없을 수 있습니다. 시간이 더 오래 걸리기는 하지만 별들조차도 빛을 잃고 붕괴됩니다. 이것이 현상의 무상함의 진리입니다. 사랑 역시 고정되어 있지 않습니다. 미움도 영원하지 않으며, 불행한 기분과 행복한 감정도 오래가지 않습니다. 이것이 마음의 무상함의 진리입니다.

몸이 아플 때 '이건 아니야.'라고 생각하지 마십시오. 무엇인가 잘못되어 가고 있다고 생각하지 마십시오. 몸이 나아져 갈 때 "그래, 이거야."라고 말하지 마십시오. 살아 있는 한 조만간 또다시 아플 일이 있을 것입니다. 등이 결리고 허리가 쑤실 것입니다. 행복에 매달리지 말고, 불행을 피하려고 하지 마십시오. 다만 맑은 정신으로 지켜보십시오. 행복은 행복이고, 불행은 불행일 뿐입니다. 그것에 좋고 나쁨을 대입할 때 고통과 불만족이 시작됩니다. 그것은 나쁜 습관입니다. 그것들에 얽매이지 말고 다만 지켜보는 연습을 해야 합니다.

많은 사람들이 삶에서 고통과 불만족을 느낍니다. 아무렇지 않은 듯 살아가는 사람들도 조금만 내면을 들추면 고통과 불만족에 찬 하소연을 늘어놓습니다. 그 원인이 무엇입니까? 그들은 원인이 상대방에게 있고 세상에 있다고 하지만, 실상은 '모든 것은 변화한다. 어떤 것도 고정되어 있지 않다.'란 사실을 마음 깊이 받아들이고 있지 않기 때문입니다. 무상함의 진리에 대한 자각은 자유를 가져다줍니다. 이제 어떤 짐도 지고 있을 이유가 없습니다. 어떤 것도 영원하지 않음을 알았기 때문입니다.

부처님 생존 시 유마힐維摩詰이라는 거사(집에서 머물며 수행하는 불교도)가 있었습니다. 그는 인도 중부 바이살리에 살고 있었습니다. 바이살리가 현재는 외지고 낙후된 곳이지만, 그 당시는 상업이 번창한 도시국가여서 매우 부유하고 사람들로 붐비며 음식이 풍부한 도시였습니다. 7천 개의 놀이터와 그만큼의 연못이 있었을 정도입니다. 자이나교의 창시자 마하비라가 이곳 왕족 출신이어서 자이나교의 본고장이라 불립니다. 신라 혜초慧超 스님의 〈왕오천축국전〉은 앞부분이 없어지고 바이살리에 대한 묘사부터 시작되는데, "땅은 모두 평평하고 노예가 없다. 사람을 팔면 살인하는 죄와 다르지 않다."고 적고 있습니다.

바이샬리는 인도에서 최초로 공화제共和制(군주제에 상대되는 개념으로 국정의 대표자를 국민투표로 선출함)가 실시된 곳이기도 합니다. 바지안 연합이라고 하는 인류 최초의 공화국입니다. 불교 교단에서는 경전의 제2결집(경전 편집회의)이 그곳에서 행해졌고, 최초로 여성의 출가를 받아들인 곳이 바이샬리였습니다. 그만큼 그곳은 다른 곳에 비해서 진보적인 도시였습니다. 지금도 옛터에 그대로 아소카 왕의 석주가 온전하게 보존되어 있습니다.

이곳은 부처님의 여름안거 장소로도 유명합니다. 그리고 〈유마경〉이 설해진 무대로도 의미가 깊은 곳입니다.

어느 때 유마 거사는 병석에 눕게 됩니다. 이때 부처님이 제자들에게 병문안을 다녀오라고 했는데, 일찍이 유마 거사에게 당했던 일을 들추면서 다들 사양합니다. 〈유마경〉은 이런 내용을 극적으로 구성한 독특한 경전입니다. 경전에서 유마 거사는 그 유명한 말을 합니다.

"중생이 아프기 때문에 나도 아프다. 중생의 아픔이 나으면 내 병도 나을 것이다. 보살의 병은 오로지 자비심에서 생겨나기 때문이다."

우리 모두 다시 한 번 명상해 봐야 할 말입니다. 남을 위해 대신 아플 수 있는 경계는 어떤 것일까?

보살의 병이 자비심에서 생긴다면, 그럼 중생의 병은 어디서 생기는 것일까요? 중생의 병은 그가 짓는 업에서 생깁니다. 그래서

'업보중생'이라는 말이 있습니다.

한 수행자(광엄동자光嚴童子)가 한적한 장소에서 정진하고 싶어서 그런 장소를 찾아 성 밖으로 나갑니다. 그때 마침 유마 거사가 어딘가 다녀오는 길에 그와 마주칩니다.

수행자가 묻습니다.

"거사님, 어디에 갔다가 오시는 길입니까?"

유마 거사의 답입니다.

"수행도량에서 오는 길입니다."

그 수행자는 마침 한적하고 조용한 도량을 찾고 있던 참이라 반기면서 묻습니다.

"그 도량은 어디에 있습니까?"

이때 유마 거사가 한 대답입니다.

"직심시도량直心是道場, 곧은 마음이 도량이지요. 그곳에는 거짓이 없기 때문입니다."

곧은 마음, 때 묻지 않은 순수한 마음, 정직한 마음, 분별과 집착을 떠난 마음이 곧 도량이라는 것입니다. 그러니 도량을 밖에 있는 어떤 특정한 장소로 착각하지 말라는 소식입니다.

임제臨濟 스님은 말합니다.

"시끄러움을 피해 따로 고요를 찾는 것은 외도外道의 짓이다."

육조 혜능六祖慧能 스님도 이렇게 가르칩니다.

"걷거나 머물거나 앉거나 눕거나 언제나 곧은 마음으로 하라."

〈유마경〉은 말합니다.

"마음이 깨끗하면 국토가 깨끗하다."

〈천수경〉에도 나오는 "늘 보리심을 지니면 가는 곳마다 극락세계이다."라는 말도 같은 맥락에서 나온 소리입니다.

지금도 북인도 보드가야의 대탑 앞에 가면 대리석으로 만든 연꽃무늬의 금강보좌金剛寶座라는 자리가 있습니다. 부처님이 그곳에 앉아서 성불했다고 전해지는데, 그 당시 실제로 금강보좌가 있었던 것은 아닙니다. 기록에 의하면 단지 풀을 깔고 앉아서 명상했습니다. 이 풀은 그 위에서 부처님이 깨달음에 이르렀다고 해서 후에 길상초라고 불리게 됩니다. 단지 그 자리를 기념하기 위해 후대에 대리석으로 조각해 금강보좌를 만들어 놓은 것뿐입니다.

금강보좌란 무엇입니까? 다이아몬드로 만든 자리, 무엇으로도 깨뜨릴 수 없는 단단한 보석과 같은 자리라는 뜻입니다. '내가 이 자리에서 죽어도 좋으니 깨닫기 전에는 절대로 이 자리를 떠나지 않으리라.'라는 결심 자체가 금강과 같은 보좌를 이룬 것입니다.

금강보좌는 인도 보드가야의 보리수나무 아래만 있는 것이 아닙니다. 저마다의 마음속에 각자의 금강보좌가 있어야 합니다. 흔들리지 않는 굳은 의지와 집념, 금강석으로 된 자신만의 보좌가 있어야 합니다. 밖에서 찾지 마십시오! 마음 밖에서 따로 찾지 마십시오! 이와 같은 곧은 마음으로 이번 안거를 맞이한다면 큰 깨침이 있을 것입니다. 부지런히, 꾸준히, 그리고 침묵 속에 정진하십시오.

영원한 것 없으니, 있는 그대로 받아들이라

2006년 8월 8일 여름안거 해제

지난 여름안거는 이름 그대로 '우안거雨安居'였습니다. 안거라는 명칭은 비에서 유래했습니다. 고대 힌두어로 비를 '바르샤'라고 합니다. 그래서 여름안거를 '바르시카', 비의 안거라고 부릅니다. 지난 여름안거에는 장마가 45일 동안 걷히지 않았습니다. 안거의 절반을 장마로 보냈습니다. 제가 사는 오두막 아궁이에도 물이 솟고, 골짜기에서 쏟아져 내리는 급류에 길이 끊겨 여러 날 바깥출입을 하지 못했습니다.

옛날 인도의 수행자들은 비가 내리는 우기에 밖으로 나다니면 새로 돋아난 풀이나 나무의 싹, 벌레 등을 본의 아니게 밟아 죽일 우려가 있기 때문에 동굴이나 사원 등 일정한 곳에 머물면서 수행을 했습니다. 그 기간이 대략 석 달이었습니다. 이와 같은 제도가 정착해 우안거가 시작되었습니다. 그런데 중국과 한국을 비롯한 동북아시아 지방에서는 날씨가 춥기 때문에 겨울에도 안거 기간을 갖게 되었습니다. 그래서 여름 하안거와 겨울 동안거를 갖는데, 원래 인도에서는 여름 우기 안거 한 철밖에 없었습니다.

저의 말을 빌릴 것도 없이 지난 장맛비는 무척 끈덕지게 내렸습니다. 45일 동안이나 지속되었으니 해와 달 보기가 어렵고 별은 전혀 볼 수 없을 정도였습니다. 곳곳에 수해를 가져왔습니다. 장마가 처음 들 때는 건장마가 아닌가 할 정도로 소강 상태였는데, 갈수록 끈덕지게 내렸습니다.

이번 장마를 겪으면서 저는 문득 인간사를 생각하지 않을 수 없었습니다. '우리들 인간관계가 이 장맛비처럼 매우 끈덕지고 집요하게 끝까지 물고 늘어진다면 얼마나 지겹고 넌더리가 날 것인가?' 사람과 사람 사이에서는 끈덕지게 달라붙거나 집요하게 치근대거나 끝까지 물고 늘어져서는 안 됩니다. 그렇게 하면 상대방에게 상처를 입히고 원한을 사게 됩니다.

우리말에 '어지간히 해 두라.'는 말이 있습니다. 이 말은 앞서 살다 간 선인들이 가르친 처세법이고 삶의 지혜입니다. 극성스럽게 끝까지 물고 늘어지지 말라는 것입니다. 집적거려도 상대방이 동요하지 않는다면 끝까지 물고 늘어지지 말라는 것입니다. 생각을 돌이키라는 것입니다. 생각을 돌이켜서 돌아설 줄 알아야 합니다. 흔히 '열 번 찍어서 안 넘어가는 나무 없다.'라는 속담이 있습니다. 이런 말에 속지 마십시오. 저는 늘 장작을 패기 때문에 이 말의 실체에 대해 누구보다도 잘 알고 있습니다. 제 경험에 의하면 열 번 찍어도 안 넘어가는, 중심이 확실하게 잡힌 꿋꿋한 나무들이 얼마든지 많습니다.

'어지간히 해 두라.'는 이 말은, 극한적인 투쟁을 피하라는 지혜의 가르침입니다. 노사분규가 일어날 때마다 지나친 경우가 얼마나 많습니까? 물론 당사자들은 그럴 만한 이유가 있어서 그렇게 하겠지만, 객관적으로 볼 때는 저토록 극성스럽게 끝까지 물고 늘어져야 할까 하는 느낌이 들 때가 있습니다. '어지간히 해 두라.'는 가르침은 삶에서 균형을 잃지 말라는 오래된 지혜입니다.

절기로는 오늘이 입추입니다. 가을의 문턱입니다. 내일이 말복이고 보름 후면 처서입니다. 처서는 더위를 뒤치다꺼리하는 날입니다. 더위도 얼마 남지 않았습니다. 수해 복구 현장에 가 보면 아직도 실종된 가족을 찾기 위해 뙤약볕 아래서 땅을 뒤지는 사람들이 있습니다. 돌아오지 않는 가족들을 찾기 위해 여기저기 이 구석 저 구석 쇠막대와 긴 장대를 가지고 흙더미를 파헤치고 다니는 사람들이 있습니다. 흙더미에 묻힌 가재도구를 챙기기 위해서 불볕더위에 땀을 흘리는 사람들이 있습니다. 이분들에게는 덥다는 의식이 없습니다. 더위라는 분별이 없습니다. 오로지 어떻게 하면 돌아오지 않는 내 가족을 찾을까, 어떻게 하면 가재도구를 다시 챙길까 하는 일념 때문에 더위가 미치지 않습니다.

머지않아 선들선들 가을바람이 불어오면 더위는 저절로 자취를 감출 것입니다. 선풍기나 에어컨이 무용지물이 됩니다. 피서지는 매우 황량한 곳이 됩니다. 이와 같이 모든 현상은 한때입니다. 이 한때에 꺾이지 말아야 합니다. 우리가 이 세상을 살아가는 것은 무엇이든 다 한때입니다. 항구적으로 지속되는 일은 없습니다.

무상하다는 것이 무엇입니까? 한때라는 소리입니다. 좋은 일이든 언짢은 일이든 궂은일이든 모든 것은 한때라고 생각하십시오.

그러면 극복할 수 있는 의지가 생깁니다. 그런 일이 영원히 지속된다면 누가 견딜 수 있겠습니까? 한때이기 때문에 우리가 뛰어넘을 수 있는 용기와 기량이 저절로 생기는 것입니다.

우리가 죽지 않고 살아 있기 때문에 더위도 느낄 수가 있습니다. 죽은 자들에게는 더위도 추위도 다가설 수가 없습니다. 살아 있다는 것은 더위와 추위뿐 아니라 삶에서 일어나는 모든 것을 받아들인다는 뜻입니다. 살아 있기 때문에 괴로움이든 즐거움이든, 더위든 추위든 받아들일 수 있습니다. 살아 있지 않으면 그 어떤 것도 받아들일 수가 없습니다. 살아 있는 자만이 누릴 수 있는 삶의 모습입니다. 우리가 세상을 살면서 집안에 어려운 일이 있거나 혹은 남한테 말 못 할 사정이 있을 때, 거기에만 매달리지 마십시오. 모든 것은 한때라고 생각하십시오. 곧 지나갈 한때라고. 내가 전생에 지은 업의 메아리라고 생각하십시오.

언젠가 이런 더위도 오지 않을 때가 반드시 있을 것입니다. 앞으로 여름을 몇 차례 더 맞이할 것인지, 각자 한번 생각해 보십시오. 슬픈 일이고 안된 일이지만, 이 자리에 이렇게 모여 있는 우리 중에서 올여름이 마지막 여름이 될 사람도 있을 것입니다. 또 앞으로 다섯 번이나 여섯 번, 열 번의 여름밖에 맞이할 수 없는 사람도 있습니다.

거듭 말씀드립니다. 모든 것은 한때입니다. 그 한때에 꺾여선 안 됩니다.